Heinz Erhardt
illustriert von Jutta Bauer

Was wär ein Apfel ohne -sine?

Lappan

ISBN 978-3-8303-3294-7
1. Auflage
Alle Rechte vorbehalten.
© 2012 Lappan Verlag GmbH
Würzburger Straße 14
D–26121 Oldenburg
Lektorat: Constanze Breckoff
Herstellung: Monika Swirski
Printed in Europe

www.lappan.de

Der Lappan Verlag ist ein Unternehmen
der Verlagsgruppe Ueberreuter.

Inhalt

In nur vier Zeilen 11

Man nehme 12

Erfreulich 12

An einen Nichtschwimmer 13

Was wär … 14

Nichts 15

Bilanz 18

Der Fels 19

Zellen 19

Bäume im Wald 22

Polygam 22

Frosch 23

Dort bin ich 24

Gedanken an der Ostsee 24

Das wäre schön 25

Glück bei Fraun 25

In Eile 26

Alte Weisheit 26

Anhänglichkeit 27

Zu wenig 30

Die Augen 30

Die Nase 31

Das Glück 34

Der Berg 35

Bier-Fragment 35

Hirngespinst 38

Wandspruch 38

Ein Ostergedicht 39

Wahrheit 40

Leicht zu sagen 40

Großmamas Lied 41

Ein Standpunkt 44

Rezept 44

Harte Schicksale 45

Der Snob 45

Die Modistin 48

Die Starlets 48

Fernsehen 50

Der Frühling 54

Der Herbst 55

Dichter 58

Geld und Geist 59

Ihr Drang 59

Zu kurz 62

Unterschied 63

Noch 'n Unterschied 63

An einen von vielen 65

Ein Nachruf 65

Abendfrieden 67

Ankunft in Frankfurt 68

An einen Pessimisten 68

Ich kann nichts dafür … 69

Voller Sanftmut … 69

Ausgefallenes 70

Die Uhrsache 71

Frau Wirtin 71

Kurz vor Schluss 72

In nur vier Zeilen

In nur vier Zeilen was zu sagen
erscheint zwar leicht; doch es ist schwer!
Man braucht ja nur mal nachzuschlagen:
Die meisten Dichter brauchen mehr ...

Man nehme

Seit frühster Kindheit, wo man froh lacht,
verfolgt mich dieser Ausspruch magisch:
Man nehme ernst nur das, was froh macht,
das Ernste aber niemals tragisch!

Erfreulich

Es ist gewiss viel Schönes dran
am Element, dem nassen,
weil man das Wasser trinken kann!
Man kanns aber auch lassen –

An einen Nichtschwimmer

Du kannst nicht schwimmen? Ah, deshalb kriegen
dich nicht Baldrian, nicht Kampfer
auf einen Dampfer!
Doch neulich hast du ein Flugzeug bestiegen!
Kannst du denn fliegen? ...

Was wär ...

Was wär ein Apfel ohne -sine,
was wären Häute ohne Schleim,
was wär die Vita ohne -mine,
was wär'n Gedichte ohne Reim?

Was wär das E ohne die -lipse,
was wär veränder ohne -lich,
was wären Kragen ohne Schlipse,
und was wär ich bloß ohne dich?

Nichts

»Gott hat die Welt aus Nichts gemacht«
so steht es im Brevier,
nun kommt mir manchmal der Verdacht,
er macht sich nichts aus mir ...

Nur ein Hund freut sich, wenn ihm etwas vorgeworfen wird.

Wer mit den Hunden schläft,
wacht mit den Flöhen auf.

• • •

Der Sommer war so heiß, dass die
Bäume den Hunden nachliefen.

• • •

Gibt Pferden man eins hinten drauf,
beschleunigen sie vorn den Lauf.

Bilanz

Wir hatten manchen Weg zurückgelegt,
wir beide, Hand in Hand.
Wir schufteten und schufen unentwegt
und bauten nie auf Sand.
Wir meisterten sofort, was uns erregt,
mit Herz und mit Verstand.
Wenn man sich das so richtig überlegt,
dann war das allerhand.

Der Fels

Wenn dir ein Fels vom Herzen fällt,
so fällt er auf den Fuß dir prompt!
So ist es nun mal auf der Welt:
Ein Kummer geht, ein Kummer kommt ...

Zellen

Das Leben kommt auf alle Fälle
aus einer Zelle.
Doch manchmal endets auch – bei Strolchen! –
in einer solchen.

Sie haben den falschen Idioten, Sie Nummer!

• • •

Ich sehe schwarz, wenn ein
blauer Brief kommt.

• • •

Ich muss brechen, und zwar eine Lanze.

Vorläufig habe ich noch keine Lust,
ins bessere Jenseits zu beißen.

. . .

Eine Beleidigung trifft umso
tiefer, je mehr sie zutrifft.

. . .

Weder vergoss ich Gelächter, noch
hielt ich mir den Bauch vor Tränen.

. . .

Manche Schlagertexter schreiben
nur ab und zu; vor allem ab.

. . .

Nach Schluss der langen Oper
hörte ich neulich folgende Kritik:
»Was mich an dieser Oper störte,
das war der Schwan und die Musik!«

Bäume im Wald

Bäume, die lange zusammenstehen,
können sich bald nicht mehr riechen und sehen,
weshalb oft Tannen, ja manchmal selbst Eichen
wünschen, sie könnten ganz heimlich entweichen;
doch – da sie fest mit dem Erdreich verbunden
kraft langer Wurzeln, die man unten gefunden,
und deshalb stehn müssen stramm wie Soldaten –
müssen sie leider des Wunsches entraten.

Polygam

Wenn einer viele Fraun sich nahm,
so nennt man so was »polygam«,
genügt ihm aber eine schon,
nennt man den Zustand »monoton«.

Frosch

Der Sänger spricht zum Gard'robier:
Um Himmels willen, horch mal!
Ich habe einen Frosch im Hals,
besorg mir einen Storch mal!

Dort bin ich

Wisst ihr, wo ihr mich stets im Urlaub find't?
Nur immer dort, wo frohe Menschen sind!
Wo auch mal Wind die Birkenbäume biegt
und man auch sonntags frische Brötchen kriegt!

Gedanken an der Ostsee

Wie wär die Welt so wunderbar,
umspült vom blauen Meere,
wenn diese Welt, wie's einstmals war,
ganz ohne Menschen wäre.
Dann gäbs kein Hoffen, kein Verzicht,
kein Hassen und kein Morden,
und wär bestimmt auch dies Gedicht
nicht hingeschrieben worden.

Das wäre schön

Ich glaube, manche junge Frau,
die würd vor Glück zerspringen,
würd ihr der Klapperstorch zum Kind
auch gleich den Vater bringen.

Glück bei Fraun

Ich hatte großes Glück bei Fraun
Ja – mir gefiel fast jede.
Man sieht hieraus, wie alt ich bin,
weil ich gern darüber rede.

In Eile

Kaum warst du Kind, schon bist du alt.
Du stirbst – und man vergisst dich bald.
Da hilft kein Beten und kein Lästern:
Was heute ist, ist morgen gestern.

Alte Weisheit

»'s ist schlimm,
wenn man alt wird«, das Alter spricht,
»aber schlimmer ist es,
man wird es nicht!«

Anhänglichkeit

Das Kind hängt an der Mutter,
der Bauer an dem Land,
der Protestant an Luther,
das Ölbild an der Wand.
Der Weinberg hängt voll Reben,
der Hund an Herrchens Blick,
der eine hängt am Leben,
der andere am Strick ...

Wer beim Schwimmen untergeht,
ist noch lange kein Taucher.

Es darf kein Äußerstes geben, zu dem
wir nicht entschlossen wären, und
keine Lauer, auf der wir nicht lägen.

Jeder sollte sein eigener Hirte sein und sich
hüten – und zwar davor, dass einem die
anderen das Fell über die Ohren hauen.

Manche Dichter gibt es, die be-
nötigen der Sachen vier:
einen guten Reim auf Liebe,
Feder, Tinte und Papier.

Das Ei darf nicht klüger sein als Kolumbus.

Raphael wäre auch dann ein großer
Maler geworden, wenn er ohne Ölfarben
auf die Welt gekommen wäre.

Maler sind Leute, die von der
Wand in den Mund leben.

Ich rede mir nicht ein, den Stein der
Weisen wachsen zu hören.

zu wenig

Ich kenne keine Beine,
die schöner wärn als deine,
deshalb bedaure ich es fast,
dass du nur zweie hast ...

Die Augen

Die Augen sind nicht nur zum Sehen,
sind auch zum Singen eingericht' –
wie soll man es denn sonst verstehen,
wenn man von Augenliedern spricht?

Die Nase

Wenngleich die Nas, ob spitz, ob platt,
zwei Flügel – Nasenflügel – hat,
so hält sie doch nicht viel vom Fliegen;
das Laufen scheint ihr mehr zu liegen.

Solange es Haare gibt, liegen sich
die Menschen in denselben.

Das Lernen macht stets dann Verdruss,
wenn mans nicht will, es aber muss.

Ich habe die Muttersprache mit
den Kindesbeinen eingesogen.

Ich könnte manchmal vor Glück eine ganze Allee von Purzelbäumen schlagen.

Masseure sind die Linienrichter im Kampf gegen die Kalorien.

Wenn eine Frau die Wahl zwischen Liebe und Geld hat, entscheidet sie sich für beides.

Lieber ein kleiner Lackschaden als ein großer Dachschaden.

Das Glück

Siehst du das Glück, lauf hinterher.
Sei dazu – nicht zu träge.
Bedenk – das Glück geht meist
recht eigenart'ge Wege.
Wenn du mit Laufen nichts erreichst,
so kriech, wenn man dich kriechen lässt.
Gib niemals auf, greif nach dem Glück.
Und hast du Schwein – dann halt es fest.

Der Berg

Hätte man sämtliche Berge der ganzen Welt
zusammengetragen und übereinandergestellt,
und wäre zu Füßen dieses Massivs
ein riesiges Meer, ein breites und tief's,
und stürzte dann unter Donnern und Blitzen
der Berg in dieses Meer – na, das würd spritzen!

Bier - Fragment

War ich, wo's Bier zu trinken gab,
stell ich die Frage unterwegs mir:
Wenn ich beim Bier geschäkert hab,
bin ich dann wohl ein Schäksbier?

Ich brauche nur
FETT GEDRUCKTES
*zu lesen, schon
nehme ich zu.*

Viele betreten die Bretter, die die
Welt bedeuten, und merken nicht,
dass sie auf dem Holzweg sind.

Das mittlere Alter ist da, wenn der Haarschnitt
allmählich in Naturschutz übergeht.

Ich kann keinen Wurm krümmen,
der mir am Herzen nagt.

Noch zwei Tage, und das Morgen
hat vor 24 Stunden begonnen.

Wenn die Opern dich umbrausen,
mit Getön,
dann genieße auch die Pausen:
Sie sind schön.

Bei der Behörde ist es genau wie
beim Theater: ein paar arbeiten,
und die anderen schauen zu.

Freunde, hütet euch vor diesen,
die da husten, wenn sie niesen! ...

Hirngespinst

Eine runde weiche Sache
ist das Hirn bei Frau und Mann,
und es ist nicht auszudenken,
was man damit denken kann.
Aber leider kennen viele
nicht den Wert dieser Substanz:
Hilflos gehen sie durchs Leben
wie 'ne Katze ohne Schwanz.

Wandspruch

Die Arbeit ist oft unbequem,
die Faulheit ist es nicht, trotzdem:
Der kleinste Ehrgeiz, hat man ihn,
ist stets der Faulheit vorzuziehn!

Ein Ostesgedicht

Wer ahnte, dass zum Weihnachtsfest
Cornelia mich sitzen lässt?

Das war noch nichts: Zu Ostern jetzt
hat sie mich abermals versetzt!

Nun freu ich mich auf Pfingsten –
nicht im Geringsten!

Wahrheit

Die schlechtesten Bücher sind es nicht,
an denen Würmer nagen,
die schlechtesten Nasen sind es nicht,
die eine Brille tragen.
Die schlechtesten Menschen sind es nicht,
die dir die Wahrheit sagen.

Leicht zu sagen

Du irrst, wenn du sagst, es sei leicht,
was *Leichtes* hinzuschreiben,
was lustig – aber nicht zu seicht –
die Sorgen hilft vertreiben.

Leicht ist, ich bitt dich zu verzeihn,
das so genannte *Ernste*,
das braucht nicht angeborn zu sein –
das kannste bald, das lernste!

Großmamas Lied

Ich sitze da und stricke Strumpf. –
Und unterm Hause ist ein Sumpf.
Drum steht das Haus nach vorn geneigt,
so wie ein Geiger, wenn er geigt.
Ich seh Musik ganz in der Ferne
und höre über mir die Sterne,
das klingt in meinem Kopf so dumpf.
Ich sitze da und stricke Strumpf. –

Eitle Männer sind wie Kleiderständer,
an denen nichts hängt.

Eine Frau, die vor ihrem Mann keine
Geheimnisse hat, hat entweder keine
Geheimnisse oder keinen Mann.

Wenn der Kragen am Hemd nicht sitzt,
handelt es sich häufig um einen Stehkragen.

Alles im Leben geht natürlich zu,
nur die Hose geht natürlich nicht zu!

Für einen Vegetarier ist Fleisch eine verbotene Frucht.

Das ewige Schwimmen gegen den Strom wird noch einmal der Nagel zu meinem letzten Atemzug sein.

Der Standpunkt

Wenn du mit vieler Mühe auf einen Berg
gekraxelt bist, so merkst du erst da oben,
wie schön es unten ist. Doch hab es nicht zu
eilig mit dem Hinuntergehn; es gibt nämlich
nichts Schönres, als Über-den-Dingen-stehn.

Rezept

Besitzt du Senkfüße, schluck Pillen,
und du bist platt: Sie helfen gleich!

Auch gegen sonstige Bazillen
gebrauch nicht Fenchel und Kamillen!
Vergiss das Zeugs um Himmels willen!

Des Menschen *Pille* ist sein Himmelreich!

Harte Schicksale

Wer sich mal in die Nesseln setzt,
ist erst erschrocken, dann verletzt,
erhebt sich mühevoll und schreit
nach bessrer Sitzgelegenheit.

Den Nesseln, auch wenn sie schön blühn,
sind weiche Stühle vorzuziehn.
Auf Weichem sitzt man stets apart ...

Nicht weich zu sitzen, das ist hart!

Der Snob

Sie reichten Weine mir und Bier
und Schnäpse und dergleichen –
dabei könn'n diese Leute mir
nicht mal das Wasser reichen!

Bei manchen Menschen geht alles schnell
zum einen Ohr rein und zum anderen raus –
die haben auch nicht viel dazwischen.

Da kann einer sagen, was er will, das
beste Essen ist immer noch das Trinken.

Das Einzige, das man sich jederzeit nehmen
darf, ohne danach sitzen zu müssen, ist Platz.

Der schläft gut, der nicht weiß,
wie schlecht er schläft.

Die meisten Ehen scheitern an
Unterhosen und Lockenwicklern.

Wer sich selbst auf den Arm nimmt,
erspart anderen die Arbeit.

Liebschaften sind wie Pilzgerichte, ob sie
ungefährlich waren, weiß man erst später.

Die Modistin

Sie zeigt das Neuste der Saison ...
Da plötzlich stolpert sie beim Schreiten,
und lächelnd spricht sie: »Oh, pardon,
ich habe Absatzschwierigkeiten!«

Die Starlets

Jetzt weiß ich endlich auch, wieso
sie Köpfe haben! – Soll ichs sagen?
Sie brauchen dann das viele Stroh
nicht in der Hand zu tragen!

Es lohnt sich nicht,
n' Hut zu tragen, endet
der Mensch bereits am
Kragen.

Fernsehen

Damit man sähe, was man höre,
erfand Herr Braun die Braunsche Röhre.
Wir wär'n Herrn Braun noch mehr verbunden,
hätt er was anderes erfunden.

Man macht gewöhnlich viele Worte,
wenn man nichts zu sagen hat.

Partys sind die Kindergärten
der Erwachsenen.

Fußkranke und Bankdirektoren
schwärmen von Einlagen.

Bei glatter Straße muss man
sechzehn geben – doppelt acht.

Das Menschenleben gleicht der
Brille – man macht viel durch.

Viele Menschen haben sich ihre
eingebrockte Suppe selbst zuzuschreiben.

Manche Hab- und Gutseligkeiten sind
nur ein Tropfen auf den hohlen Zahn.

Pessimisten sind Leute, die mit der
Sonnenbrille in die Zukunft schauen.

Der Frühling

Und wieder ist es Mai geworden,
es weht aus Süden statt aus Norden.
Die Knospen an den Bäumen springen,
und Vogel, Wurm und Kater singen:
fidirallala, fidirallala.

Der Herbst

Und wieder ward es Herbst hienieden,
es weht aus Norden statt aus Süden.
Die Knospen an den Bäumen ruhen,
und auch die Kater haben nichts zu tuen.
Rallafididi, rallafididi

Manche Menschen wollen
immer nur glänzen, obwohl sie
keinen Schimmer haben.

Ein Faulpelz ist ein Mensch, der
nichts so gerne tut – wie nichts.

Besser eine Stumme im Bett als
eine Taube auf dem Dach.

Wenn schon Nietzsche sagt, dass
zum Leben drei Dinge gehören, nämlich
Geld, Geld und Geld, so möchte ich
diesen klugen Satz dahin erweitern,
dass zum Leben vier Dinge gehören, nämlich
Geld, Geld, Geld und Geld.

Es gibt Gerüchte,
daß Hülsenfrüchte –
in Mengen genommen
nicht gut bekommen.

Dichter

Es soll manchen Dichter geben,
der muss dichten, um zu leben.
Ist das immer so? Mitnichten,
manche leben, um zu dichten.

Geld und Geist

Ich finde solche, die von ihrem Geld erzählen,
und solche, die mit ihrem Geiste protzen,
und solche, die erst beten und dann stehlen,
ich finde solche, Sie verzeihn, zum Kotzen.

Ihr Drang

Für das Theater schwärmt sie schon
seit ihrem zwölften Jahre,
da sah sie nämlich »Romeo«
von W. Schakespeare.
Und weil ihr Drang zur Bühne groß,
groß wie der Himalaja,
drum kauft sie sich für zwo Mark zehn
das Buch »Die Bühne Maja«.

Manchmal hilft nur noch Zähne hoch
und Kopf zusammenbeißen.

Paradox ist, wenn einer sich im
Handumdrehen den Fuß bricht.

Frieden auf Erden – hoffentlich wird
es keinen Zaun mehr geben, von dem
man einen Streit brechen kann.

Vor dem Tode habe ich keine Angst
– denn alle, die gestorben sind,
lassen nicht wieder davon ab.

Ein Stabhochspringer ist kein Hochstapler –
eine Hebamme keine Empfangsdame.

Als ich geboren wurde,
war ich noch sehr jung.

Möge der Himmel
seine Geigen über alle
Glücklichen ausschütten.

Manchmal hat es wirklich keinen Sinn,
die Stirn zu fletschen
und die Zähne zu runzeln.

Zu kurz

Kaum, dass auf
diese Welt du kamst,
zur Schule gingst,
die Gattin nahmst,
die Kinder, Geld und
Gut erwarbst –
schon liegst du unten,
weil Du starbst.

Unterschied

Wollen wir doch einmal dieses Thema streifen:
Autoräder sind von Reifen –
Lehrer aber, die zu lehren sich bestreben,
sind von Unreifen umgeben!

Noch'n Unterschied

Wir fuhren einst zusammen
tagtäglich mit der »Zehn«,
jetzt fahren wir zusammen,
wenn wir uns wiedersehn!

Ich bin ein richtiger Pechpilz, niemals fällt mir das kleinste Schwein in den Schoß.

An einen von vielen

Als du noch warst, wollt man nichts geben.
Kaum warst du tot, ließ man dich leben!
So ists! – Den höchsten Ruhm erworben
hat man erst dann, ist man gestorben.

Ein Nachruf

Du warst ein Musiker und Dichter,
ein Maler und Kaninchenzüchter;
doch trotzdem wars dir nicht gegeben,
den eignen Tod zu überleben. –
Wir wollen nur das eine hoffen,
dass du 's dort oben gut getroffen!

Es hat keinen Sinn, den Brunnen auszuschütten, wenn das Kind verbrannt ist.

Viele Menschen lassen gute Ratschläge links im Papierkorb liegen, den man ihnen höher hängen sollte.

Es ist nichts so fein gesponnen, wie es gekocht wird.

Viele Menschen scheinen aus dem linken Bett zuerst aufgestanden sein.

Abendfrieden

Die Oma murmelt leise vor sich her –
sie spricht mit Opa, doch den gibts nicht mehr ...
Im Bettchen nebenan schläft süß das Kind ...
Die Mutter strickt ... Der Vater spinnt ...

Ankunft in Frankfurt

Fast zu jeder Jahreszeit,
ob es warm ist oder schneit,
findet in der Messestadt
Frankfurt eine Messe statt.

An einen Pessimisten

Jede Sorge, Freund, vermeide,
jedes Weh sollst du verachten.
Sieh die Lämmer auf der Weide:
Sie sind fröhlich vor dem Schlachten.
Ahnst du nicht, wie dumm es wär,
wären sie's erst hinterher?

Ich kann nichts dafür ...

Ich kann nichts dafür, dass der Mond schon scheint,
und dass nicht der Mond seinen Mondschein schont,
und dass Frau Adele im Wohnheim weint,
weil sie nicht wie früher in Weinheim wohnt.

Voller Sanftmut

Voller Sanftmut sind die Mienen
und voll Güte ist die Seele,
sie sind stets bereit zu dienen,
deshalb nennt man sie Kamele.

Ausgefallenes

Man hat ganz oben auf dem Kopfe
viel tausend Poren, dicht bei dicht.
Und nun – das ist das Wunderbare:
aus diesen Poren wachsen Haare!!!
Oder auch nicht.

Die Uhrsache

Die Rathausuhr geht unentwegt,
und immer scheint sie aufgeregt,
weil – ist sie auch schon hochbetagt
sie innerlich die Unruh plagt – – –
was sich auf uns dann überträgt ...

Frau Wirtin

Frau Wirtin hatte einen Tänza,
den kriegte, ach, die Influenza
in ihre bösen Fänge.
Nun lag mit vierzig er im Bett –
na, das war ein Gedränge ...

Kurz vor Schluss

Schön ist der Wein, bevor er getrunken,
schön ist das Schiff, bevor es gesunken,
schön ist der Herbst, solange noch Mai ist,
schön ist der Leutnant, solang er aus Blei ist.

Schön ist das Glück, wenn man es nur fände!
Schön ist dies Buch, denn gleich ists zu Ende.

Heinz Erhardt hat in seinem Leben viel und gerne gelacht. Noch lieber aber hat er andere zum Lachen gebracht. Schon in der Schule hat er sich einen Spaß daraus gemacht, kleine Spottgedichte über seine Lehrer zu schreiben. Neben dem Spiel mit der Sprache hat dem jungen Heinz auch das Klavierspielen Spaß gemacht, und aus beidem zusammen ist später sein Beruf geworden: Heinz Erhardt trat mit seinen Texten auf Kabarett- und Theaterbühnen auf, begleitete sich selbst am Klavier und wusste zur Begeisterung des Publikums immer »noch 'n Gedicht« vorzutragen. Als es in Deutschland noch kein Fernsehen gab, drängten sich die Zuhörer vor den Radiogeräten, um keine der frechen Glossen und Gedichte des Humoristen zu verpassen. Später war Heinz Erhardt dann auch oft im Fernsehen und im Kino zu sehen. Am liebsten aber trat er als Vorreiter der heutigen Comedians vor Publikum auf, wo er die Stimmung im Saal spüren und spontan darauf reagieren konnte.

2009 wäre Heinz Erhardt hundert Jahre alt geworden, im selben Jahr erschien auch das Buch »Ein Nasshorn und ein Trockenhorn«, ebenfalls mit Illustrationen von Jutta Bauer. Der vorliegende Band enthält weitere wunderbare Gedichte, Gedanken und Aphorismen von Heinz Erhardt, denn sein Wortwitz, seine Gedichte und sein Humor werden weiterhin lebendig bleiben.

Auch **Jutta Bauer** lacht oft und gerne. Die heute vor allem als Illustratorin und Autorin von Kinder- und Jugendbüchern bekannte Künstlerin hat über viele Jahre die  Leserinnen der Frauenzeitschrift *Brigitte* mit ihren Cartoons und Bildergeschichten zum Schmunzeln und Lachen gebracht.

Jutta Bauer illustrierte nicht nur Geschichten von bekannten Kinderbuchautoren wie Klaus Kordon, Christine Nöstlinger oder Peter Stamm, sie erzählt und illustriert auch ihre eigenen Geschichten.

Für ihre »Königin der Farben« ist sie mit dem Troisdorfer Bilderbuchpreis ausgezeichnet worden, und für ihre »Schreimutter« erhielt sie 2001 den Deutschen Jugendliteraturpreis. Ihr humorvoll-poetisches Geschenkbuch »Selma« wurde nicht nur in Deutschland ein Bestseller, sondern weltweit in 25 Sprachen übersetzt.

2008 wurde Jutta Bauer für den Astrid-Lindgren-Gedächtnis-Preis nominiert, 2009 erhielt sie den Sonderpreis des Deutschen Jugendliteraturpreises für das Gesamtwerk Illustration und 2010 wurde ihr der Hans Christian Andersen-Preis verliehen.

Nach »Ein Nasshorn und ein Trockenhorn« ist dies das zweite Buch, für das sie Illustrationen zu Gedichten von Heinz Erhardt gemacht hat. Sie lebt und arbeitet als freischaffende Künstlerin in Hamburg.

Weitere Titel von Heinz Erhardt und Jutta Bauer unter:
www.lappan.de